Butes

Butes
Pascal Quignard
Posfacio y traducción de
Carmen Pardo y Miguel Morey

Todos los derechos reservados.
Ninguna parte de esta publicación puede ser reproducida,
transmitida o almacenada de manera alguna sin el permiso previo del editor.

Título original
Boutès

Copyright © Pascal Quignard, 2011

Primera edición: 2011
Segunda edición: 2012
Tercera edición: 2019

Posfacio y traducción
Miguel Morey y Carmen Pardo

Fotografía de portada
Fisherman, Hengki Koentjoro

Copyright © Editorial Sexto Piso, S.A. de C.V., 2019
  París 35-A
  Colonia del Carmen, Coyoacán
  04100, Ciudad de México, México

Sexto Piso España, S. L.
Los Madrazo, 24, semisótano izquierda
28014, Madrid, España

www.sextopiso.com

Diseño
Estudio Joaquín Gallego

Formación
Quinta del Agua Ediciones

Impresión
Cofás

ISBN: 978-84-96867-81-9
Depósito legal: M-24008-2011

Impreso en España

Esta obra recibió el apoyo de los Programas de fomento a la publicación del Institut Français/Ministerio francés de Relaciones exteriores y europeas.

ÍNDICE

Capítulo I. Apolonio   9

Capítulo II. Plutarco   29

Capítulo III. Historia de Grecia   33

Capítulo IV. Esopo   35

Capítulo V. Juan   37

Capítulo VI. Egeo   39

Capítulo VII. Séneca   41

Capítulo VIII. Safo   47

Capítulo IX. Antaño   49

Capítulo X. Licofrón   51

Capítulo XI. Timógenes   53

Capítulo XII. Brasmos   55

Capítulo XIII. Izanagi   59

Capítulo XIV. Scelsi   63

Capítulo XV. Mousiké   69

Capítulo XVI. Schubert   71

Capítulo XVII. Aristóteles   73

POSFACIO: Las voces del agua   79

CAPÍTULO I

Reman. Reman. Surcan la mar. La vela está firmemente tensada por las drizas de la verga. Un viento rápido les ayuda y empuja el navío. El barco se aproxima a la isla de los pájaros con cabeza de mujer que en griego se llaman Sirenas. De pronto se eleva una voz femenina y maravillosa. La voz avanza sobre la mar hacia los remeros. Proviene de la isla. De inmediato quieren detenerse; quieren escuchar ese canto; dejan los remos; se levantan de su banco; destensan la vela; van a buscar las piedras ancla; se preparan para lanzar las amarras; quieren alcanzar la orilla de la isla.

Es entonces cuando Orfeo sube al puente del navío y allí se sienta. Coloca su caparazón de tortuga sobre sus muslos. Tensa con fuerza las cuerdas de cítara que fabricó en su casa, en Tracia. Ha añadido dos cuerdas a las siete cuerdas de la lira. Con la ayuda del plectro, tañe un contra-canto extremadamente rápido con el fin de rechazar la llamada de las Sirenas. Apolonio escribe que este fragmento de Orfeo es tan ruidoso que los oídos resuenan *sólo con el ruido del plectro*.

Ahora la intensidad y la belleza de la melodía de los pájaros parecen retroceder sobre la mar. Ahora los cincuenta héroes ya no escuchan con nitidez ese canto anonadador; apartan su mirada de estos tres pájaros realmente turbadores que ofrecían sus senos, que elevaban tan alto su canto, que giraban hacia ellos un rostro que podría llamarse humano. Ocupan de nuevo su fila. Toman otra vez su remo. Están golpeando ya la mar del mismo modo en que Orfeo golpea su cítara para darle un mismo ritmo a los movimientos de sus manos; ya se hincha la vela; ya aporta de nuevo su concurso a la fuerza de sus brazos; el navío Argos se aleja ya de la isla cuando, de repente, Butes abandona su remo.

Deja su banco. Sube al puente, salta a la mar.

Nada a través de las olas que hierven.

Su cabeza se aleja, surca el agua, sube, baja en las olas negruzcas —*porphyres*, en griego— que se agitan en las cercanías de las primeras rocas de la isla.

Butes nada con fuerza, hasta tal punto su corazón *arde por escuchar*, escribe Apolonio, las voces agudas de los pájaros con cabezas y senos de mujer que atraen su cuerpo tenso y húmedo. Se aproxima nadando a la peligrosa roca que domina la orilla; ya alcanza a ver, detrás de ella, la pradera; ya está a punto de abordar la isla que canta; palabra por palabra, la orilla «en-cantante»; la tierra *encantadora*; está a punto de abordar la hierba y el instante de morir. Apolonio escribe: los pájaros iban ya a *arrebatarle el retorno* (νόστον ἀπηύρων) cuando Cipris lo arrancó de las olas.

Butes vuela en los brazos de Cipris. Está pegado a ella. La penetra. Cuando Cipris con Butes en sus brazos llega a la altura de la isla de Sicilia, lo arroja al mar. Lo instaura como el que se zambulle en el cabo Lilibeo. Butes es el Saltador. Hay que imaginar a Butes como ese saltador que puede verse en el dorso de un sarcófago en el sótano del pequeño museo de Paestum frente a la isla de Capri. Uno se queda estupefacto en el rincón de la cueva, detrás de la escalera, en la sombra y el frescor, ante la determinación que aparenta ese pequeño cuerpo desnudo, limpio, sexuado, sombrío, cuando se lanza al mar Tirreno y a la muerte.

*

Butes fue arrancado de las olas por Cipris. Cipris es la Afrodita de las olas. Más precisamente, Afrodita es la diosa nacida cuando el sexo de Urano, cercenado por Cronos, cayó del cielo al mar. Es la diosa del esperma. La diosa pare a Érice, del esperma de Butes. La palabra *aphros* que abre su nombre designa la espuma. Afrodita y Butes son la Nacida de la mar y el Muerto en la mar.

Butes es aquél que, atraído por el canto de las Sirenas, se ahoga en la espuma de Afrodita.

*

Hay en toda música una llamada que yergue, una conminación temporal, un dinamismo que agita, que empuja a desplazarse, a levantarse y dirigirse hacia la fuente sonora. Butes es a la música (respecto de Afrodita) lo que Adonis a la caza (respecto de Afrodita). Estos dos héroes amantes de la diosa del amor responden a un deseo desconocido más vasto que el sexual que es la pasión exclusiva de Afrodita. Su deseo es más vasto que la reproducción social. De este modo se olvidan de Venus. Su búsqueda es periférica y claramente solitaria. Para el uno, es el encuentro con un jabalí. Para el otro, con un pájaro de mar.

*

Desde el fin del Micénico corría la leyenda de una isla misteriosa en cuyas orillas los marineros perecían atraídos por el canto de los pájaros.

Se contaba que los navegantes que pasaban a lo largo de estas costas se hacían tapar sus orejas con cera para no ser descaminados y morir.

Ni siquiera Orfeo el Músico quiso escuchar nada de este canto continuo.

Ulises fue el primero que deseó escucharlo. Tomó la precaución de hacer que le ataran los pies y las manos al mástil de su navío.

Sólo Butes saltó.

*

La primera vez que la forma «análisis» aparece en el mundo griego se sitúa en el verso 200 del canto

XII de la *Odisea* de Homero. Ulises es desatado —ἀνέλυσαν— de sus ataduras —ἐκ δεσμῶν— por Euríloco y Perímedes cuyos cuatro oídos están taponados por la cera previamente cortada con un cuchillo de bronce en un pastel de miel.

De este modo el primer «análisis» catalogado representa el instante en el que son desatados los nudos que atan a Ulises, una vez ha pasado sin morir el Lazo de las atadoras. Porque las Sirenas son las atadoras de gavillas. Frente a Odiseo atado, Sirena es la que ata. La palabra *seiren* deriva de *ser*, atar. La palabra *seira* en griego designa la cuerda; la cuerda con un nudo corredizo; más exactamente la σειρά es el lazo que los escitas lanzaban al cuello de sus enemigos.

*

Pero se me permitirá que olvide un instante a estos héroes del pensamiento occidental. Se me permitirá que olvide a Ulises con las manos y los pies trabados en sus cuerdas. Se me permitirá que olvide a Orfeo perdido en las cuerdas paralelas de su cítara, que tensa, estira, multiplica, afina. Sólo durante un instante, el tiempo de un libro, el tiempo de un pequeño libro, el tiempo de un último pequeño libro dedicado a la música, quiero llamar la atención sobre una figura mucho más desconocida como es la de Butes.

*

Cuando Butes deja su remo, se levanta.

Cuando Butes sube al puente, salta.

Butes baila.

Cuando Orfeo sube al puente, se sienta. Sentado tañe la cítara con su plectro. Hace la *contra* al canto de Ligeia, de Leucosia, de Parténope. Apolonio dice que rechaza su canto, que trata de enturbiar la llamada de sus voces mediante un ritmo extremadamente ruidoso y rápido *hasta que sus oídos zumban con el ruido del plectro* (ἐπιβσομέωνται ἀκουαὶ κρεγμῷ).

Como todos los grandes poetas, Apolonio de Rodas es *muy preciso:* una batería instrumental técnica social inmediata encargada de enturbiar la llamada vocal originaria lejana insular.

O también: la música de la cítara fabricada por la mano del hombre obstaculiza la potencia anonadadora del canto animal.

Traduzco por canto animal lo que Apolonio llama ἄκριον αὐδήν. Voz «acrítica», es decir, no separada, indistinta, continua.

Inmediatamente después, Apolonio añade el adjetivo «aguda».

El canto acrítico es necesariamente soprano ya que viene del mundo en el que la vida se desarrolla.

El mundo en el que la vida se desarrolla es el mundo únicamente femenino que no conoce la muda como el mundo de los hombres la conoce.

Hacia esto se lanza Butes.

Apolonio opone al viejo registro oral akritos soprano del primer mundo el ritmo rápido y ruidoso del plectro que golpea las cuerdas muy tensas de un instrumento que va marcando la cadencia a un grupo compuesto únicamente por hombres que reman, que reman, que reman.

*

El pensamiento de Apolonio es claro. Para él, existen dos músicas. La una es de perdición (definida admirablemente al decir que *arrebata el retorno*), la otra órfica, salvífica, articulada, colectiva, es la que procura su unanimidad y que por ello asegura la rapidez a los remos de los remeros. Exclusivamente humana, ordenada, ordenante, ella *ordena el regreso.* Apolonio escribe que Orfeo *ebiesato* —se apodera por la fuerza del canto que anonada—. Παρθενίην δ' ἐνοπὴν ἐβιήσατο φόρμιγξ. Francis Vian traduce así el verso 969 del canto IV de las *Argonaúticas: Orfeo triunfó sobre el canto de las Sirenas.* Si se sigue el griego palabra por palabra: La cítara *violó* el canto de las vírgenes. Violando el anonadamiento, Orfeo viola lo femenino que está marcado por su voz. En pocas palabras, Orfeo opone una violencia *exclusivamente viril* al canto acrítico.

*

La música órfica al igual que el pensamiento filosófico tienen miedo.

La alta mar no les va. Tienen miedo de perderse, de zambullirse, de abandonar el grupo, de morir. De modo parecido el psicoanalista y el analizado, con los brazos y las piernas inmovilizados, uno en su sillón, el otro sobre su lecho de dolor, escuchan, hablan, no saltan fuera del grupo, no saltan fuera del lenguaje. No abandonan el navío.

Tal vez desciendan a la cala pero no saltan al mar.

Butes sube al puente y salta.

Allí donde el pensamiento tiene miedo, la música piensa.

La música que está ahí antes de la música, la música que sabe «perderse» no tiene miedo del dolor. La música experta en «perdición» no necesita protegerse con imágenes o proposiciones, ni engañarse con alucinaciones o sueños.

¿Por qué la música es capaz de ir al fondo del dolor? Porque es allí donde ella mora.

El canto de antes de la lengua articulada se zambulle —simplemente se zambulle, se zambulle como Butes se zambulle— en el duelo de la Perdida.

*

¿Quién tiene el valor de llegar hasta el final del mundo de la tristeza? La música.

Basta con consultar en el fondo de uno mismo la ternura inmediata que algunos sonidos que se siguen levantan de nuevo. Estos ritmos están ligados al corazón antes incluso de que el cuerpo conozca la respiración. Estos lazos no se desatan.

*

Un psicoanalista, François Roustang, escribió: Durante la entrevista las notas agudas evasivas desaparecen poco a poco para dejar paso a tonos más graves, sobrios, esenciales.

Al examinar la entrevista analítica, François Roustang muestra el canto acrítico que emerge de nuevo del fondo del cuerpo.

Bajo el pensamiento social, superyoico, expresado en la lengua nacional que se hace bucle en el interior del cráneo individual bajo la forma de conciencia, es decir bajo la lengua de trapo de la nación, bajo el lamento obsesivo de la familia, bajo el desatino del sujeto, regresa el pensamiento vivo.

Regresa el viejo toque de atención de antes de las palabras.

Resurge o mejor *brota* de nuevo la arcaica alarma interna de antes de la lengua, de antes del tiempo, de antes de la conciencia, de antes del mismo sol y de la atmósfera.

Evoco el viejo *bajo continuo* del agua.

La música no re-presenta nada: re-siente.

Es como los nombres cuando los nombres todavía no hacen sino resonar el afecto. Todo el mundo experimenta esta música de la lengua cuando la lengua no es todavía un lenguaje y no se ha «apoderado por la fuerza» (ἐβιήσατο) del alma mucho tiempo antes de que se la aprenda. Estos sonidos —y no sus significados— van a hacernos siempre levantar y dirigirnos hacia aquéllos que nos llaman. Nuestros nombres nos reclaman hasta nuestra muerte. Así es como la voz antigua de un pájaro con senos de mujer llama a Butes. Lo llama mucho más que por su nombre: lo llama por el pálpito de su corazón. Así es como Butes abandona la fila de los remeros, renuncia a la sociedad de los que hablan, salta por la borda, se arroja al mar.

*

¿Adónde va? Va allí donde escucha que se pronuncian unos sonidos mucho más apremiantes que los nombres mismos.

*

¿Por qué Butes pereció ahogado?
  Porque no provenimos de lo seco.
  En el nô de Zeami que medita la esencia de la música japonesa, el viejo «tamborilero de silencio» finalmente se arroja al agua él también. También él se suicida. También él perece ahogado.
  Como dicen los japoneses en forma de proverbio: *muko mukashi*. El agua viene del antaño.

La vida que llevamos es como una tierra extranjera a esta mar antigua que no era más que movimientos en la penumbra.

Ola cálida, nutriente, tranquilizadora, que no rompía jamás. El cuerpo la bebía como si fuera de arena. Vivir no conocía más destino que la saciedad. Nada orientaba esos tiempos más que los sonidos del abrazo que habían dado ocasión a su desarrollo desde que, del otro lado del tabique, reaparecían cuerpos felices.

La música toca mucho más que «la audición» en el cuerpo del oyente.

Ésta es la tesis que deseaba defender en estas últimas páginas a las que Butes me conduce reclamado por una orilla que no alcanza.

Las pasiones serían impotentes para distinguirse unas de otras, incluso, serían incapaces de aprehenderse a sí mismas si no existiera la música.

*

Por ejemplo, ¿ha habido en el curso de la historia humana un pensador que haya pensado la pasión misma, es decir la pasividad que está en la fuente de la pasión misma? ¿Quién ha pensado la zozobra originaria? ¿Ha habido un pensador que haya profundizado, etapa por etapa, en esta impotencia pánica a sobrevivir solo, gritando, naciendo, desembarcado de pronto en la primera orilla? ¿Ha habido un pensador que haya meditado en toda su amplitud, o mejor en el interior de su desierto y su aridez, la *Hilflosigkeit?*

Sí. Hubo un pensador que pensó de cabo a rabo este estado de abandono, de soledad, de carencia, de hambre, de vacío, de extrema amenaza mortal repentina, de desnudez, de frío, de ausencia de todo socorro, de nostalgia radical, experimentado por cada cual en el nacimiento.

¿Quién?

Schubert.

Sin Schubert no comprenderíamos bien lo que es el estado originario «inapto para la vida» sin el socorro de otros seres más o menos malévolos, o más o menos complacientes, durante los primeros días de la existencia atmosférica.

*

Sin la música algunos de entre nosotros *morirían.*

*

Resulta que el viaje de Jasón precede al mundo aqueo. Este mito es mucho más antiguo que los cantos que cuentan la navegación de Ulises.

Homero decía que las Sirenas llenaban el alma de Ulises con un *deseo de escuchar* en estado puro.

Apolonio dice, con más radicalidad todavía, que las Sirenas llenan el alma más arcaica de Butes con un *deseo de aproximarse* en estado puro.

Hechizan al joven Argonauta con una atracción que lo *proyecta* hacia ellas.
Was ist Musik? Tanz.
¿Qué es la música? El baile.
¿Y qué es el baile?
El deseo de levantarse de modo irreprimible.

*

Me aproximo al secreto.
¿Qué es la música originaria? El deseo de arrojarse al agua.

*

Teombroto se arrojó al mar desde lo alto de la muralla después de haber leído toda la obra de Platón.

*

¿Qué hay en el fondo del deseo de arrojarse al agua? ¿Qué hay en el fondo del deseo de sumergirse en la cosa que obsesiona; de dar el último salto; de lanzarse sin demora y decididamente en pos de lo que se ignora; de franquear el Rubicón; de romper las amarras; de liberarse de todas las precauciones; de arrojarse a la boca del lobo; de jugar a fondo perdido? Extrañas expresiones que una misma antigüedad reúne. Todas estas metáforas de caza, de baile, de marina, de juego, de guerra, no son tanto proposiciones de la lengua natural como figuraciones de los sueños. Todas ellas nombran la imprudencia. Todas ellas dicen: no ha tratado de escapar del peligro que se presentaba. Ha salido de su escondite. Ha dimitido de su puesto. Ha abandonado su fila. Ha escalado los muros de la prisión. Ha alcanzado la espontaneidad soberana de la naturaleza.

*

¿Qué es la prudencia? Esto es la prudencia. Pasan unos siglos. En -447 Alcibíades, cuyo padre acababa de morir en Coronea, convertido Pericles en su tutor, se negó a aprender a tocar el aulos en la escuela de gramática. Le dijo a su maestro: «La flauta como el canto son prácticas indignas. Una y otra hinchan las mejillas y desfiguran la armonía del rostro humano. En cambio, el uso del plectro y la lira no violentan ni la compostura, ni el rostro, ni la libertad de movimientos de un hombre libre. *Πλήκτρου μέν γὰρ καὶ λύρας χρῆσιν οὐδὲν οὔτε μορφῆς ἐλευθέρῳ πρεπούσης διαφθείρειν.* Cuando se toca la lira se puede hablar a la vez que se hace música». De este modo Alcibíades liberó a los niños atenienses del estudio de la música que hincha las mejillas y amordaza la voz. Desde entonces la flauta fue excluida totalmente de los estudios generales y se convirtió en objeto de un desprecio universal: *Ὅθεν ἐξέπεσε κομιδῇ τῶν ἐλευθερίων διατριβῶν καὶ προεπηλακίσθη παντάπασιν ὁ αὐλός.*

*

¿Qué es lo contrario de la decisión ateniense tomada por Alcibíades tras la muerte de su padre en la batalla de Coronea?

El impulso de Butes hacia la animalidad anterior.

La imprudencia de Butes.

La imprudencia irresistible del anonadamiento no finito, a-crítico, a-mórfico, a-orístico, in-humana, in-finita.

*

Hay olvidados del recuerdo del mundo. Hay que ceder un poco de agua pura, es decir, un poco de lengua escrita, a los viejos nombres que ya no se pronuncian. Hay que inclinarse y exhumar las tumbas que se han perdido entre las hierbas y los siglos y las piedras. Hay que abrir un instante la puerta de un libro a estos héroes de la vida legendaria o a estos fantasmas de la vida histórica que han sido abandonados, bien porque sus ejemplos eran contrarios a la reproducción social, bien porque sus proezas despreciaban las elecciones estéticas más populares, bien porque su determinación contravenía los mandamientos religiosos que reúnen a las naciones en el vínculo poderoso de la guerra. Hay que dejar una silla vacía para los que han sido injustamente condenados al ostracismo. Hay que dejarles un poco de permanencia —un aumento de permanencia— en las «horas», a pesar de los «milenios» que han desfilado ya desde su aparición. Butes abandonó la compañía de los otros Argonautas. Había respondido sí a la llamada de las Sirenas. No siguió ni el ejemplo ni la orden de Orfeo. No se hizo trabar tan curiosamente como Ulises, pidiéndoles a Euríloco y Perímedes que le ataran con cuerdas alrededor del mástil. No tuvo miedo de las mejillas hinchadas y la voz ausente. Dijo sí a la música del origen. Hay que saber responder imprevisiblemente a *la llamada más antigua que a quien dirige la voz.*

*

La música griega luego romana luego cristiana luego occidental se hizo cada vez más órfica y conjuratoria. Se volvió extraordinariamente instrumental. La música occidental sacrificó el baile originario que sin embargo pertenece al núcleo arcaico. Fue primero el abandono del trance y luego la renuncia a abandonar la fila de los remeros lo que autorizó su escritura. Lo que explica su *ejecución sentada* pero sobre todo su inexplicable y por así decir «onírica» inhibición muscular —su prodigiosa *audición sentada.*

Manan nuestras lágrimas sin que nuestras manos las sequen, hasta tal punto el miedo a los vecinos, trabados como nosotros en las filas de la orquesta, nos obliga a permanecer inmóviles, con los dedos crispados sobre nuestros muslos, con los rostros desnudos llorando cara a la música.

Y sin embargo no hay más vergüenza en no poder ponerse por encima de una ofensa que en sangrar.

Hay por el contrario mucho más que una desproporción, hay algo de no contemporáneo, de desfasado, de anacrónico, de intransportable entre el contenido de pensamiento recibido en la audición de una pieza de música y el contenido de pensamiento articulado en un pedazo de lengua nacional adquirida.

Incluso si estos contenidos de pensamiento se expresan uno y otro de modo directo al oído humano, hablando con propiedad no son contradictorios, son *anti-páticos*. El uno parte del puente del navío, el otro proviene de alta mar.

Se trata de dos medios de los que el cuerpo humano maduro y genital es la pobre y extraña y frágil y solitaria y mortal orilla.

Vida acuática y vida atmosférica se desunen durante el nacimiento. Vida de larva —casi un pez— y vida de mariposa —casi un pájaro.

Casi un pez, casi un pájaro: éstas son también las figuras de Butes y de las Sirenas.

*

Es una de las escenas preferidas de mi infancia. A las orillas del Mosa, en las hondonadas del inmenso brezal adonde íbamos unos seis, en el corazón de la landa del segundo mundo, llegábamos en silencio; habíamos arrancado una rama; cortábamos las ramas pequeñas con nuestra navaja; atábamos en el extremo de la rama desnuda un pequeño cabo de lana roja; la agitábamos por encima del agua calmada, en el torpor, por encima de los musgos, bajo las hojas, allí donde se está inmóvil la rana rubeta.

De pronto, ella salta.

De pronto abandona el nenúfar o la ramilla que le sirve de soporte. Necesita zambullirse otra vez en el elemento originario.

Y es de nuevo Butes, es de nuevo el Argonauta, es de nuevo el *disidente* quien salta.

Sedeo es estar sentado en su banco.

Dis-sedeo es des-sentarse.

El di-sidente se desasocia del grupo que no trata de acompañar y domesticar al solitario más que a partir de su nacimiento.

Las piernas de los hombres y de las mujeres tienen algo de las de las ranas cuando se las desnuda antes de echarlas a la sartén. Su vientre blanco recuerda su vientre desnudo.

Los vivíparos, los hombres, las mujeres están a medio camino entre el renacuajo y el pájaro.

Es la escena del pozo de Lascaux sobre la colina que domina el pueblo de Montignac. Está erecto. Muere. Cae hacia atrás. Se dice que es un hombre que desea y que muere bajo el golpe de su presa enorme pero, si se observa con más atención, este hombre tiene una cabeza de pájaro y, frente a él, está un pájaro sobre su percha. (O bien la cabeza de un pájaro está en la punta de su propulsor.)

Pájaros coronados por una cabeza de mujer con la boca abierta que canta, así estaban representadas las primeras sirenas en los vasos griegos más antiguos.

*

Olivier Messiaen, en el corazón del siglo xx, escribió: «Los pájaros son los músicos más grandes del planeta». Repetía que «pájaros y pájaras» eran los «maestros de los hombres». Que representaban los «testigos naturales de la musicalidad absoluta en la evolución a lo largo del tiempo».
Tal vez Butes tiene razón.
Quizá hay que volver la espalda a la música órfica, occidental, tecnológica, popular.
Quizá hay que dejar lo que hace remar sobre el banco de los remeros.
Quizá hay que alejarse de la eficacia sonora excesiva.
Quizá hay que apartarse del «ruido del plectro».
La casa donde vivo en una calleja de París es la vecina de donde vivía Messiaen. Su hijo vive allí todavía. Nos separa un jardín que se ha vuelto salvaje. Es un perdido que debe añadirse a la Perdida, que es la naturaleza misma. Compartimos el mismo ruiseñor, las mismas mirlas pardas, los mismos gritos desgarradores de los gatos por la noche como niños que lloran.

CAPÍTULO II

Cuando, en Plutarco LXX 6, Catón quiere preparar su alma para darse la muerte, comienza por enviar a Butas, su secretario, al borde del mar; luego pide a sus esclavos y a sus oficiales que se vayan; busca entre los volúmenes que hay en su equipaje; quiere escoger un último libro para pasar lo más agradablemente posible su última noche.

Escoge un libro griego.

Consagra lo esencial de su noche a releer el *Fedón*.

Lee una vez, dos veces, tres veces.

De pronto, crecido por lo que ha leído, decide morir en el acto reproduciendo el ejemplo ateniense con el que ha impregnado su alma, busca su espada. Busca su espada pero no la encuentra. Esto es lo que escribe Plutarco: Catón buscó su espada pero ya no estaba colgada sobre su cama. Llamó a los suyos que le dijeron que se la habían quitado porque temían que se matara. Catón dio un puñetazo a uno de ellos porque no quería devolvérsela. Su mano se ensangrentó enseguida. El hombre perdió el sentido y cayó. Catón no pudo evitar gritar de dolor cuando se hirió la mano. Todos corrieron. Le trajeron su espada.

Le dijo a Demetrio: «¿Por qué no me habéis atado las manos a la espalda?». Entonces Demetrio se fue llorando. Pero Catón no perdió el tiempo; desenvainó la espada; verificó el filo; examinó su punta; pero los dedos que acababa de herirse le dolían y estaban demasiado débiles para sostener el peso de la espada; entonces dejó la espada sobre la cama y llamó a un médico para que le vendara los dedos ensangrentados. Una vez hecho, el médico salió y Catón se estiró en la cama y volvió a ponerse a leer. *Entonces oyó cantar a los pájaros.* Butas regresó y le dijo que todo estaba en calma en los puertos. Catón le abrazó, le rogó que cerrara la puerta y se hundió la espada en el pecho.

*

Palabra por palabra: Ya los pájaros cantaban. Ἤδη δ' ὄρνιθες ᾖδον.

Los pájaros comienzan a cantar, la muerte surge, deja el libro.

Es el tiempo natural que vuelve de pronto en el mundo filosófico.

Es el tiempo de la tierra que salta en el tiempo del mundo.

La melodía animal hace que se despliegue de repente, en el interior de la psique virtuosa del último republicano de Roma, todo el lenguaje escrito por Platón para evocar la muerte de Sócrates en Atenas. Catón abandona el griego. Es dos veces libre. Se reúne con la naturaleza por la muerte a partir de una llamada que proviene de la naturaleza.

*

Los pájaros cantan. Catón se abre el vientre con la ayuda de su espada.

*

Pero el relato de Plutarco no acaba aquí porque la mano vendada de Catón es demasiado débil para hundir la hoja hasta que alcance el corazón y lo atraviese. Sus entrañas caen al suelo; las recogen; se las introducen de nuevo; tratan de coser su vientre. Catón se da cuenta de lo que los suyos intentan hacer. Con las dos manos desgarra de nuevo la piel de su vientre. Palabra por palabra τὸ τραῦμα ἐπαναρρήξας ἀπέθανεν: la herida volviendo a desgarrar, murió. Los pájaros cantan cada vez más fuerte. El sol se eleva progresivamente en el cielo.

CAPÍTULO III

Cuento brevemente la historia de Grecia: partir al mar, lanzarse al viento, fundar una ciudad, colonizar una orilla, sacrificar un hombre empujándolo desde lo alto de un promontorio, avergonzarse de la sangre derramada, purificarse, marcharse de otra playa, de otro emporio, de otra ciudadela. Fin de la historia de la antigua Grecia sepultada bajo la dominación imperial de Roma.

Al contrario que los griegos, los romanos de la antigüedad sentían la nostalgia del jardín, de las flores, de las fieras, la nostalgia de la sombra originaria, de los robles, de la fuente, de lo salvaje, del limes, del ultrabosque. La gran muralla de Roma es como la Gran Muralla de China. No hay gran muralla en Grecia. Romanos y chinos son dos civilizaciones que inventan «lo que hay detrás». Son dos imperios de vivíparos. En comparación con ellos los griegos o los noruegos eran como pájaros. Ovíparos. Cucos que ocultaban sus huevos aquí y allá en el nido de otros. Que se zambullían en el agua como saltadores. Hace ya tanto tiempo, Leandro —antes de que Lidia Mármara se convirtiera en Augusta Antonina, antes de que Augusta Antonina se convirtiera en Constantinopla, antes de que Constantinopla se convirtiera en Bizancio, antes de que Bizancio se convirtiera en Estambul— amaba a Hero.

Cuando Hero deseaba abrazarlo encendía la lámpara en lo alto de la torre en medio del Bósforo.

Leandro se izaba sobre la roca de Abidos. Levantaba las manos. Juntaba los dedos. Se inclinaba. Se encogía. El saltador nocturno se zambullía en la mar sombría.

CAPÍTULO IV

La escena pasa en medio de la noche. Un viajero golpea bruscamente la puerta de un pajarero que vive aislado en el carrascal. El pajarero deja su lecho, se levanta, abre la puerta, se aparta y deja entrar a su huésped. Éste está agotado y se muere de hambre. La hora es tan tardía que el anfitrión ya no encuentra nada que ofrecer a su huésped. Se queda parado. Reflexiona. Irresistiblemente gira su mirada en dirección a su perdiz domesticada. La perdiz comprende enseguida la mirada que su amo le ha dirigido. Le implora suavemente en la lengua de los griegos una larga frase compleja y maravillosa:

—Εἴγε πολλὰ ὠφελούμενος παρ' αὐτοῦ τοὺς ὁμοφύλους ἐκκαλουμένου καὶ παραδιδόντος αὐτὸς ἀναιρεῖν αὐτὸν μέλλει, ἀλλὰ διὰ τοῦτό σε μᾶλλον θύσω εἰ μηδὲ τῶν ὁμοφύλων ἀπέχῃ.

Esta frase tan larga que pronuncia la perdiz define la esencia de la música y recuerda su origen cruel: A aquélla que tan bien te servía atrayendo con sus gritos a sus congéneres con el fin de entregártelos, he aquí que ahora quieres matarla para llenar el vientre de uno de tus congéneres.

El reproche melancólico que le hacía el pájaro dejó mudo al pajarero.

Entonces se giró hacia su huésped. Le dijo:

—Compréndame. No voy a dar de comer a uno de mis congéneres la que atrae a los suyos.

Pero el huésped respondió:

—Es un huésped quien está ante ti. Tengo hambre. Existen leyes *(nomoi)* que definen la hospitalidad. Existen dioses encargados de hacer respetar estas leyes a los mortales. ¿Qué voy a comer si no matas a tu pájaro? ¿Me quieres como enemigo?

El pajarero, como no podía cometer una ingratitud a la vez respecto del Nomos y respecto de los divinos, se cortó una buen parte de la nalga y la puso a asar. El huésped comió, durmió, se fue cuando cantó el gallo. La cicatrización evolucionó mal. La nalga se infectó. El pajarero murió. Inquieta por la inmovilidad y el silencio de su amo, la perdiz voló sobre él. El pájaro se demoró todavía un día en la casa del muerto. Luego el pájaro levantó el vuelo. ¿Qué alma no vuela a pleno día? ¿Quién ha muerto? ¿Quién come? ¿Quién canta? ¿Quién es huésped en este mundo? ¿Quién acoge? ¿Quién se va?

CAPÍTULO V

En el mar Mediterráneo, en las orillas de Grecia o de Siria, unos hombres se desnudan y se zambullen. Cuando llegan al fondo del agua, cuando sienten sobre su espalda el peso inmenso de la mar, acechan el fondo oscuro del mundo, observan las sombras de la rocas en el abismo, se aproximan a unos cadáveres de animales extraordinariamente antiguos; con un cuchillo les cortan el pie; regresan a la superficie; los dejan pudrir al sol. Los cadáveres de estos extraños animales antiguos, al cabo de algunos días, se han vuelto extrañamente horadados, ligeros, porosos, suaves, blancos. Se les llama esponjas. Se puede decir de una esponja que es una especie de «criatura anterior» que absorbe la muerte sobre la piel de los mortales. Luego la aniquilación anula esa última mancha que somos nosotros en esta orilla de luz al modo silencioso e inmediato en que lo hacen las esponjas con el agua que se ofrece a sus numerosos labios. Una mano terrible y más vasta que nosotros vacía toda el agua de la carne (*sarx*), apretando sin esfuerzo la masa esponjosa, exprimiendo el pasado del cuerpo. Expulsa hasta la última gota los actos, los amores, los alimentos, los placeres, todos los placeres, todos los sentidos, todos los sufrimientos, la visión fabulosa de la luz y de los colores, todas las cosas, todos los astros, todos los rostros, todos los nombres.

*

Se bañaban desnudos, hombres y mujeres mezclados, en Francia, antaño, por San Juan. Reían mientras se salpicaban. Decían: «San Juan no se va sin su pescado». Es preciso traducir. No pasaba San Juan sin que se ahogara un hombre. Este hombre era el vestigio del saltador de Paestum. Cada San Juan exige su víctima.

*

E quadam rupe in mare salientibus. Plinio el Viejo escribió en *Naturalis Historia* IV 89: Los Hiperbóreos no mueren más que voluntariamente. Después de los últimos placeres, con el vientre lleno, saltan desde un acantilado.

CAPÍTULO VI

Teseo se olvida de izar la vela blanca.
    Entonces Egeo se arroja al mar que toma su nombre.

CAPÍTULO VII

La pintura que los helenistas acostumbran a llamar el *Saltador de Paestum* remite a la escena filosófica conocida como el Salto del cabo Leucate. Séneca el Viejo evoca en sus *Excerpta* la *praecipitatio* propiamente fúnebre que funda el tiempo en las sociedades de los hombres. La palabra latina *prae-cipitatio* significa con la cabeza por delante. Las sociedades se asocian empujando un hombre desde un promontorio, profiriendo un gran grito unánime que apacigua y que después cortan bajo la forma de lenguaje articulado. En Paestum es un promontorio sobre el mar Tirreno. En Roma, a falta de un promontorio, es la Roca Tarpeya. Séneca el Joven escribe entonces esta frase extraordinaria que concierne tanto a la naturaleza del tiempo como al salto mortal *con la cabeza por delante* de un *pharmakos* que ha sido elegido al azar: Porque el simple hecho de lanzarse al vacío implica que no se puede volver sobre el impuso. La precipitación, suprimiendo toda regresión física posible, suprime todo arrepentimiento interno *(irrevocabilis praecipitatio abscidit poenitentiam)*. Es por ello que no puede por más que llegar allá donde habría podido no ir *(non licet eo non pervenire quo non ire licuisset)*.

El tiempo es precipitación por deducción del tiempo de los carnívoros y del matar devorador *del que su propia motricidad no se disociaba.*

El matar y el impulso se confunden.

*

Cicerón escribió en *Tusculanae disputationes* IV 18: buscar un límite al vicio lleva a pensar que el que se ha tirado con la cabeza por delante del cabo Leucate puede dejar de caer cuando quiera.

Qui modum igitur vitio quaerit similiter facit, ut si posse putet eum qui se e Leucata praecipitaverit, sustinere se cum velit.

En ningún caso puede porque la *proclividad del impulso es el tiempo.*

Algo *se acelera* al final de la espera que es lo propio del tiempo mortal en la fascinación que el acecho impone a los carniceros.

Fascinación carnívora que los hombres herbívoros han intentado imitar en la caza (la depredación imitada).

Después la metamorfosearon en pulsión de muerte, en guerra (la caza imitada cuya presa es el congénere), que es lo propio de los hombres en la historia de la naturaleza.

El salto de las fieras está en el origen del saltador *e Leucata* sobre las orillas griegas como ordalía.

¿Sobre qué pared fue pintado el saltador de Paestum? Sobre la pared *interna* de la piedra que cierra el sarcófago. Estaba hecha para los ojos del muerto, no para nuestros ojos. La palabra griega *sarko-phage* significa lo-que-come-la-carne.

*

Tres escolios.

1. No se recupera el tiempo. (Pero todo muerto se come y se le recupera en este sentido: alimentándose de lo que se destruye. Es la muerte, en los carnívoros, la que de hecho es la única que nutre.)

2. Este movimiento irrecuperable no orienta. (Sencillamente no puede dejar de llegar donde habría podido no ir.)

3. El origen se persigue en el tiempo. (El carácter irrecuperable del antaño funda la irreversibilidad en el desfallecimiento de todo ahora.)

*

El pasaje de Séneca el Joven en el *De Ira* remite a Aristóteles *Ética a Nicómaco* III 5: οὐδ' ἀφέντι λίθον ἐτ' λίθον ἐτ'. No es posible para el que ha lanzado la piedra recuperarla.

En «el instante» del impulso, de la *praecipitatio* de un hombre desde lo alto de un promontorio, de la *rhusis* de los ríos o de la mar, de la *proclivitas* del universo, no se puede pensar en «ahora».

El tiempo *es* esta imposibilidad de la regresión motriz y rítmica que precipita en su «Ocurre».

Aristóteles añade: Que no sea posible para el que ha lanzado la piedra recuperarla no impide que no estuviera en su mano no lanzarla al aire. Porque el principio de la acción está en él (ἡ γὰρ ἀρχὴ), materializa el tiempo en tanto que es el medio en el que la fuerza arrastra una vez que ha surgido.

Lo que Jackie Pigeaud traduce por el «principio de la acción» es la palabra griega *arché*.

Así no es el «principio de la acción» el que está en la mano del que va a lanzar la piedra, es el «comienzo» mismo.

Tanto como decir: Pues el comienzo es el tiempo en el tiempo.

El hombre que salta del cabo Leucate no se zambulle en el aire o en el vacío o en la mar o en la muerte. Salta en el tiempo. Salta en la irreversibilidad. Cuando se *precipita* es una irreversibilidad la que *se acelera*. Es como en el placer, aún añade Aristóteles, en el que la eyaculación pilla desprevenida a su propia tensión. Aristóteles cita entonces a Heráclito: ἔτι δὲ χαλεπώτερον ἡδονῇ μάχεσθαι ἢ θυμῷ. Aún es más difícil resistir al placer que comienza que contener la cólera que os invade.

*

La estructura del tiempo hace que todo lo que parece presente sea deudor de la pulsión originaria. El impulso (la *rhusis*) que lleva la naturaleza (la *phusis*) es una fuerza siempre más reciente que toda recencia.

Este impulso del antaño no es solamente más actualizante que toda sincronía actual sino que *es quien la precipita*. Salto como un salto. Acción de tirarse de arriba abajo de manera vertiginosa con la cabeza por delante como un pájaro de plumaje gris y las patas palmeadas tirándose al fondo del agua apuntando ante sí su pico recto hacia un pez que se escapa. Salto como el de un pájaro de presa que se abate desde el cielo es decir *salto en el que lo irrecuperable sin cesar no es jamás recuperado.*

CAPÍTULO VIII

La poetisa Safo se mató tirándose del peñasco de Santa Maura.

CAPÍTULO IX

De pronto lo antiguo se precipita.
　　Lo antiguo cae de las nubes.
　　Es el rayo mismo.
　　El trueno es la voz de este animal enorme y extremadamente negro que se llama tormenta.
　　Los relámpagos saltan desde lo alto del cielo con el deseo de venir a tocar la tierra.

CAPÍTULO X

Los cristianos veneraban a una santa suicida en la persona de santa Apolonia.

Cuando estudiaba en Alejandría, aunque no aprendió el aulos en la escuela de gramática, Apolonio conoció al último de los grandes Trágicos de Grecia: trabaja junto a Licofrón el Oscuro.

Apolonio redactó la primera versión de las *Argonáuticas* en -252. Fracaso total. Entonces se retiró a la isla de Rodas.

Apolonio de Rodas dirigía todavía la biblioteca de Alejandría cuando Nevio, en su lengua aún dialectal, completamente salvaje, compuso la primera tragedia latina.

Cuando Nevio compuso la primera tragedia latina, los setenta rabinos traducían al griego la Biblia de los *Setenta* en sus setenta celdas silenciosas.

CAPÍTULO XI

Timógenes escribió: De todas las actividades letradas la música es la más antigua, *sólo el movimiento de la luna la precede.*

CAPÍTULO XII

El *statu quo ante* habita el tiempo social. La mirada que la mujer de Lot echa hacia atrás es la del deseo de la vida precedente. Nunca el gusto inerte y nostálgico y por así decir «museístico» de la mayoría ha impuesto una ley más envidiosa sobre los vivos. La mayoría de los humanos de hoy en día escuchan música que data de por lo menos dos siglos y coleccionan lo que a sus tatarabuelos les parecía moderno. En los Estados en los que el mayor número tiene la autoridad todo valor es ancestral. He abierto suficientes libros para saber que ninguna otra época presenta semejanzas en estos aspectos con la nuestra. El servilismo y la identidad, que son vínculos, prevalecen sobre la libertad y la aventura, que son más ebriedades que posesiones. Había imaginado un ardid para renunciar a hacer de la huella un destino. La tesis que defendía mal que bien consistía en pensar que apoyándose sobre algo mucho más antiguo que la Historia era posible sustraerse un poco a la repetición compulsiva de su pasado.

*

Hay una pulsación temporal propia al inconsciente que está en el límite del movimiento de la mar en el momento en el que súbitamente se rompe el avance de su ola.

Bestia *lunar* suspendida un instante.

Esta extraña curvatura natural se despliega sin duda en la motricidad saltarina de las fieras.

Tal vez conoce su éxtasis en el vuelo en círculo de las rapaces planeando en el vacío del aire, soportándose por el vértigo del aire antes de abatirse sobre la presa terrestre o acuática.

Es a la vez un ritmo y un movimiento. Y es verdad que esta mixtura en la que la negación es activa es difícil de definir: retenido, eclíptico, estresado, hambriento, retraído, no respiratorio. Es la retención de la respiración antes de la distensión muscular del salto. El brusco encuentro de lo que aparece en el relámpago, en el transcurso de la tormenta, entre negra noche, luz cegadora, truenos y redobles, todos desincronizados, puede procurarnos una imagen extraordinariamente concentrada y breve.

Como el coito, en su momento extremo, cuando la respiración se demora, o el grito, o el suspiro.

Cicerón decía que había en el lenguaje una musicalidad latente que penetraba el alma más allá de la significación. Puro *brasmos*. Como un viejo bramido de pura emotividad que transportaría a los hombres a partir de la parte más íntima de sus lenguas.

*

El ritmo binario es este ritmo de supervivencia: con-sin. Lo binario es un acuerdo de dos tiempos: *mater-infans*. Tal es la base 2. Autocalmante de base 2. Delante-detrás, izquierda-derecha, es la primera danza o al menos estos dos movimientos son el primer consuelo del abandonado. Autosensualidad de base 2: fort-da.

¿Cómo piensa la música? ¿Cómo avanza en el pensamiento?

Para nombrar sin demasiadas pretensiones el pensamiento llamémosle la «reunión». El pensamiento es lo que reúne a los ausentes, las palabras, los argumentos, las impresiones, los recuerdos, las imágenes. Así como la reunión supone la unión, el pensamiento supone la madre. Para nombrar la madre decimos la atadora. Donde se encuentra la *seirén*. Vieja sirena que se desliza en el seno de un viejo canto continuo de base 2. Sonoro senil que premastica la lengua como la boca ancestral premastica la comida que va a regurgitar sobre los labios de los más recientes para permitirles sobrevivir. La música en este caso, una vez abandonado el mundo del agua y su penumbra, una vez que el humano ha emergido chorreante sobre la orilla pulmonada, en el sol del nacimiento, se vuelve una apostasía del lenguaje que será adquirido progresivamente en el mundo externo y su respiración.

Es a partir de este desacuerdo entre latido cardíaco (*rythmos*) y canto pulmonado (*melos*) que algo intenta seguirse, tensarse, distenderse, dejarse, volver, armonizarse.

Los verdaderos músicos son los que aflojan la cuerda de la lengua. Dejan una parte de humanidad. Hacen lo contrario de Alcibíades en Atenas. Dejan que la vieja unión fatal retome todo su poder sobre el cuerpo.

La música vuelve a sumergir el cuerpo en el continente sonoro en el que se movía.

Se balancea y baila y busca reunirse con la vieja rítmica acuosa de las olas.

La música atrae a su oyente a la existencia solitaria que precede el nacimiento, que precede la respiración, que precede el grito, que precede la espiración, que precede la posibilidad de hablar.

De este modo la música se hunde en la existencia originaria.

CAPÍTULO XIII

Las Sirenas reducen sin fin la distancia entre el cuerpo de los oyentes y ellas. Hasta la desindividuación. Las Sirenas no le dicen a Ulises: «Ven a nuestra isla», o bien: «Ven a las rocas y sobre la arena de la playa», o bien: «Ven hacia el prado que continúa, allá donde crecen las flores», o bien: «Ven hacia nosotras, los pájaros cuyos senos están llenos de leche», dicen: «Ven *aquí*». Δεῦϱο. En Homero *Odisea* XII 183 las dos Sirenas cantan a Ulises atado a su mástil: Δεῦϱ' ἄγ' ἰών, «ven aquí, *aquí* en la dulzura de la *voz-miel*, μελί-γηϱυν, porque nosotras, nosotras conocemos los sufrimientos. Conocemos todos los sufrimientos que los dioses envían sobre la tierra a los hombres».

Pienso que se puede llamar «desindividuación» al «allá» convertido en «aquí».

La «desindividuación» es la identificación con el continente.

Hay *desindividuación total* en el continente natural, físico, después químico, a partir de la descomposición progresiva de los elementos del cuerpo que tiene lugar después de la muerte.

Izanagi descendió a los infiernos para buscar allí a Izanami. Cuando llegó al fondo de la oscuridad volvió su rostro hacia ella y se asustó por los estragos de la muerte. La nariz de su mujer había caído, sus ojos habían desaparecido, gusanos blanquecinos surcaban su piel. Rechazó con disgusto a su mujer. Ni siquiera gritó: le dio la espalda. Huyó lo más deprisa que pudo. Entonces Izanami se lanzó en persecución de su marido. Para retrasarla, éste le lanzó un peine. Después, le lanzó un melocotón. Cuando el fruto cae y se aplasta sobre el suelo del infierno ochenta muertas hambrientas, despeinadas, sangrantes aparecen y se asocian enseguida con Izanami; hacen suya su cólera; le acompañan en su carrera vociferando. Finalmente Izanagi percibe el día al final de la oscuridad. Finalmente logra salir del mundo subterráneo. Tiene el tiempo justo de tapar los infiernos con una piedra enorme para que su mujer y las ochenta muertas que se han convertido en sus compañeras no puedan alcanzarlo. Ni siquiera retoma su aliento; se desnuda completamente; se baña para purificarse; no abandona el agua de su baño sin antes inclinarse sobre el agua para lavar sus ojos de lo que han visto de su esposa.

 Orfeo descendió a los infiernos para encontrar allí a Eurídice. Asciende con ella siguiéndola pero la reina de los muertos ha tomado la precaución de prohibirle girarse, mirarla. Él se gira, la mira. *Flexit amans oculos.* El que la ama vuelve los ojos y enseguida ella es arrastrada hacia atrás. *Et protinus relapsa est.* La *recaída* tiende los brazos y no ase más que el aire impalpable. Vuelve a caer al fondo del abismo.

No pretendo que el mito shintô del origen del Japón tenga un nexo directo con el cuento de Orfeo. Sólo quiero mostrar que la muerte de Orfeo en el canto XI de Ovidio es la escena simétrica de la muerte de Butes en el canto IV de Apolonio. Las bacantes están a medio camino de las ochenta muertas y de las tres sirenas. Las bacantes despeinadas «vuelven sus manos» contra Orfeo. La flauta *(tibia)* de Berecintia con el pabellón curvado, los tamboriles, los golpes de manos, los gritos *(ululatus)* de las bacantes consiguen *cubrir* poco a poco el sonido de la cítara *(obstrepuere sono citharae)*. De pronto todas las mujeres desnudas, despeinadas, ensangrentadas se juntan en un solo movimiento como de pájaros —*ut aves*— y caminan hacia Orfeo; le golpean con sus tirsos; lo lapidan con fragmentos de rocas; destrozan sus brazos; arrancan sus piernas; desencajan y dislocan su cabeza que se pone a rodar sobre la hierba de la colina; rueda sobre el prado; llega a la orilla; rueda aún bordeando el agua del Hebro; de pronto, desde la riba, la cabeza de Orfeo cae en el agua; las olas la llevan al medio de la corriente; los labios de la boca de la cabeza decapitada del músico muerto por las mujeres murmuran todavía el nombre de la Perdida antes de que se hunda en la negra agua del Hebro.

Flebile lingua murmurat exanimis.

Su lengua quejumbrosa, *incluso privada de aliento*, murmura.

Finalmente la música aparece sobre los labios de Orfeo; está muerto.

Murmullo al que responden las ribas como si las ribas de los ríos sobre la tierra fueran quejidos que bordean las heridas que sangran sin cesar hasta el océano que recoge sus dolores.

Flexit Orpheus.

Él «vuelve la cabeza» en el agua.

El último canto de Orfeo acontece cuando su cabeza está en el agua.

¿Qué pensaba antaño nuestra cabeza en el agua?

CAPÍTULO XIV

La música nos tienta con una tentación que está por encima de nuestras fuerzas. (Al menos por encima de las fuerzas que podríamos sacar de los ritmos propios de nuestra alma lingüística si pensáramos oponérselos.)

Llorando, arremolinándose de dolor, nos devoramos en lo que nos funda.

La música atrae el cuerpo como su condición vital primitiva.

Igual que los salmones saltan, igual que ascienden durante toda su vida madura a contracorriente de los ritmos y de los cursos de los ríos y del revolcarse de las olas de los mares para alcanzar la fuente en la que nacieron, donde, porque allí nacieron, son llamados a gozar, donde gozan, y este desove *(aphros)* que dejan escapar allí, al reproducirlos los extravía seguidamente en su muerte. Igualmente un ser humano perecería si debiera volver a acceder a la vida uterina, que es sin embargo el medio en el que su vida comenzó, donde se desarrolló su ser, donde su cuerpo se sexuó, donde la selección de los principales sabores de lo que preferirá en el mundo se hizo para siempre.

*

Butes: volver a la condición originaria es morir.

*

Por ello la música es una «isla» en medio del océano; una «isla» a la que toda aproximación es imposible salvo perecer ahogado.

*

¿Quién era Butes? Se sabe poco de Butes. El nombre muy común de Butes o de Boutas en griego significa el boyero. Su padre se llamaba Teleón. Su castillo estaba situado en Ática. Una vez que fue lanzado por la diosa al cabo Lilibeo, fundó la ciudad de Marsala. Butes tuvo un hijo de ella; fue el día en el que ella le arrancó de las garras de las Sirenas; ella le concibió mientras le cogía de las aguas y lo elevaba por los aires. La diosa llamó a este hijo Érice. Se convirtió en el señor de la montaña siciliana a la que los sicilianos le han dado su nombre. En su cima, el hijo hizo construir para su madre un templo, el templo de Afrodita Erícia.

*

Las Sirenas como las Sibilas se multiplicaron.
    Primero sola, Seirén, estrechadora, estrechante, sofocante como la Esfinge, sphigx, esfíntrice.

En el texto de Homero las sirenas son dos.

En el pasaje que he citado de Apolonio son tres. A Leucosia, a Ligeia se añade Parténope. Es la sirena de Nápoles.

Licofrón el Oscuro escribió que Parténope fue el primer nombre de un faro sobre la colina de Pizofalcone. Después fue Paleópolis debajo del Posillipo. Finalmente, en el emplazamiento del Castel dell'Ovo, se elevó Neapolis.

Parténope es la sirena del mar Tirreno, de la acrópolis de Poseidonia, del cabo de Sorrento, de Procida, de Isquia, de Capri, de Paestum.

Tres lugares reivindican aún con su nombre estas sirenas. Surrentum en el fondo de Sorrento. Los arrecifes avanzaban sus agujas entre las dos pequeñas playas de Marina Piccola en Capri, bajo el nombre del Promontorio de las Sirenas. Finalmente los tres promontorios de la costa de las Sirenas bordeando Amalfi.

En 1968, en Paestum, a un kilómetro de Paestum, en una tumba, se descubrió un «sarcófago» de piedra en el interior del cual había representado un hombre que salta.

O bien este hombre que salta es un hombre joven que es empujado por la multitud desde la piedra de la acrópolis de Poseidonia, con la cabeza por delante, el sexo colgando bajo el vientre, sin excitación, los brazos extendidos al frente, volando todavía en el aire blanco antes de tocar el agua de la mar hacia la que la multitud le ha proyectado.

O bien este hombre que salta es no importa qué muerto desde el instante en el que, llegado a los confines del mundo de los vivos, tomando su impulso con los pies colocados sobre las columnas de Hércules, salta en el mundo de los muertos representado por el agua verdosa del Océano y el árbol de las hojas del Olvido.

*

Pocos, muy pocos, los humanos que se lanzan al agua para alcanzar la voz del agua, la voz infinitamente lejana, la voz sin ser voz, el canto todavía no articulado que viene de la penumbra.

Algunos músicos.

Algunos escritores más silenciosos que los demás, en páginas más mudas todavía.

Extraña penumbra maternal; extraña porque su oscuridad precede en los hombres a la noche misma.

Butes encarna la vieja imantación sonora totalmente irrecíproca de los cuerpos que conduce *infinitamente, aorísticamente,* en ellos, el canto escuchado antes del primer día.

Como los cuerpos de los fetos en el fondo del líquido sonoro oscuro, así es el cuerpo de Butes el Argonauta pereciendo en la mar.

*

La música remite a un antaño que sin respirar —o mejor, respirando con las orejas, respirando con el oído— escuchaba en el fondo del agua.

Jankélévitch escribió: La música nos envuelve y así nos penetra porque es vasta e infinita como la mar.

Ahí está la imagen del primer mundo. Es la vieja agua sin porqué, sin límite de piel; vieja agua extraña por el hecho de que, en los hombres, su experiencia precede a la de la mar misma.

*

¿Quién no permanece en silencio ante la mar que se repite, que se yergue, que se vuelve y que avanza y que por avanzar regresa? ¿Quién no permanece incluso en estupor antes que en silencio, en enstasis antes que en éxtasis, del lado de las olas tan increíblemente ruidosas, con los pies en los últimos pequeños rompientes, los pies sobre las navajas, en los canales del agua que vuelven enseguida entre los dedos de pie, que los lamen cuando se retiran, entre las conchas muertas, los prados abiertos, las recaídas de la espuma blanquecina (*aphros*), viejo hueso de jibia rota, granos de arena que se deshacen, huellas húmedas que aspiran, ramas de estrellas de mar muertas, girones de algas negras?

Planteo que la *repetición sonora* cumple la función de *continente* en el interior del tiempo.

De este modo la música *es* el islote temporal patético en medio del surgimiento del tiempo y de la repetición continua de la Historia.

*

En este caso todo sentimiento estético en el alma de las bestias, como en la de los hombres, es simplemente una recaída.

Es como una re-zambullida.

Eso explica también este punto: porque no puedo escuchar la música más que solo.

Solo como en el origen. *Ab ovo.*

La música, en la existencia lingüística, es como la isla de las Sirenas en el mar Tirreno.

Scelsi decía: Se trata de alcanzar el corazón del sonido en el movimiento de la onda concéntrica.

CAPÍTULO XV

La música comienza por murmurar al oído del que la ama y que se acerca al canto que le envuelve, donde consiente en perder su identidad y su lenguaje: Acordaos, un día, antaño, se perdió lo que se amaba. Acordaos que un día perdisteis *todo* de *todo* cuanto era amado. Acordaos que es infinitamente triste perder lo que se ama.

CAPÍTULO XVI

En Viena, en 1828, sintiéndose morir, justo tres semanas antes de perder su último aliento, Schubert fue a recogerse ante la tumba de Haydn en la *Memoria* de la Bergkirche.

CAPÍTULO XVII

He vuelto a los lugares en los que me abandonasteis. Entré en el jardín. Cada música tiene algo que ver con alguien que hemos perdido. Y como me parecía que la música tenía algo que ver con la pérdida, con una mujer desaparecida, con un mundo de mujeres perdido, y como había querido definir la música en este deseo irresistible de acercar lo que retorna de este mundo que nos precede, sin que este retornar sea posible, de repente he visto su rostro. Y era vuestro rostro cuando era joven. Era exactamente vuestro rostro de entonces. Porque este retorno de las cabezas amadas en los sueños, este retorno sin edad de los rostros, mucho tiempo después de la muerte de los cuerpos que los contenían, ése es posible. Ese retorno es un retorno imprevisible, pasa. Y es verdadero porque es involuntario. Es onírico. Se cuenta que mucho antes de la Antigüedad, antaño, un hombre abandonó súbitamente, imprevisiblemente, involuntariamente, a todos sus compañeros. Corrió y saltó de repente del puente de un navío que había partido a la búsqueda de un viejo vellocino de oro. Nadó, nadó. Alcanzó una costa donde vivía una mujer cuya cabeza parecía la de un pájaro. Curiosamente tenía senos. Le gustaba que tuviera senos. Le gustaba deslizarse en el pecho de esta mujer y aprovechar su canto hasta el punto de confundirse con él. No he llevado la vida de músico como habría debido. En la primera parte de mi vida adulta me producía placer no aceptar mis manes. Me emancipé de los deseos que se habían forjado sobre mí en mi nacimiento. Cuando tuve veinte años, en 1968, estando cerrada la facultad de Nanterre, como aceptaba sin reservas el movimiento de marzo y de abril que era cada vez más fuerte, fui a ver a Emmanuel Lévinas a su domicilio de la calle Miguel Ángel n.º 6 bis. Le comuniqué mi decisión de renunciar a la filosofía, de no sumergirme en la redacción de la tesis cuyo tema él me había propuesto amablemente, de no dedicarme a la enseñanza, de huir de la universidad. Volvía hacia la música. Iba a retomar el órgano familiar. Él lo desaprobó. No obstante yo partí para Ancenis donde me reuní con Marthe Quignard que había retomado el órgano de las manos de su hermana Juliette Quignard, quien a su vez lo había retomado de las de su padre Julien Quignard, etc. Durante las numerosas horas en las que el servicio del órgano me dejaba tiempo escribí un ensayo sobre el gran poema de amor que compuso Maurice Scève en la primera mitad del siglo XVI y que tituló *Delia. La Desligante. La Contra-Sirena.* Simone Gallimard aceptó este primer libro. Me propuso editar las obras completas de Maurice Scève. Me ofreció convertirme en lector en la editorial de su marido. No fui organista más que tres semanas de verano, cuando no había nadie, en una pequeña ciudad situada entre Saint-Florent-le-Vieil, Champtoceaux, Liré, a mediados del mes de agosto, durante el tiempo de las tormentas.

Volviendo de la iglesia, hacía tanto calor, sólo con atravesar la plaza hacía tanto calor que torcía en los callejones a la izquierda; descendía hacia los diques; iba a nadar al Loira, al final de los espigones.

Al final de mis días la vergüenza se acercó con pasos de apuro y de silencio. No había sido organista como los míos. No era un oprobio. No era siquiera una culpabilidad. Era como una falta que se arrastra. Escribiendo no había cumplido mi destino.

Sentí que había dejado la música sufriendo.

Aristóteles escribió que la *psyché* —en latín el *anima*, en francés el aliento *[souffle]*— es como una *tablilla en la que el sufrimiento se escribe*.

La música viene a leer allí.

He deseado destacar *solamente* este punto: sólo la música viene a leer allí. Porque desde el origen, en la ontogénesis, en el interior del vientre materno, es inevitable que el feto escuche. Escucha lo que haya, a la fuerza lo que haya, a lo lejos, muy lejos, detrás de la piel y el agua, la extraña sonata de lo que será su lengua materna. Genealógicamente este canto del que no escucha más que la emoción es anterior a la voz articulada. Igual en la filogénesis, en la historia de los animales, el canto imitado, el canto embaucador, el *apelante*, prearticula la fonación.

La voz humana, cuando es cantada, se sitúa a medio camino entre el grito de especie biológica y la lengua nacional adquirida. La música es la nostalgia, *después* del aprendizaje de las lenguas colectivas, del estado *anterior* de la fonación, del aliento, de la animación, del *anima*, de la *psyché*. Porque los afectos conocen algo del mundo. También lo sonoro linda con las experiencias más antiguas del ser humano que *preceden* las relaciones establecidas después con el mundo externo y con los otros ejemplares de humanidad que allí se descubren frecuentemente en la incomodidad y en la oralidad activa. Los movimientos de las grandes olas de sonidos ritmados desnudos de sentido no solamente descargan sino que reavivan inmediatamente la vida emocional más interna y más arcaica.

Porque la pasión y las pasiones preceden, la música es la más originaria de las artes y la primera de entre ellas. Hay una protosemántica cardíaca, visceral, dérmica y luego pulmonar, muscular, motriz que la lengua nacional que ha sido enseñada y la conciencia que resulta de ella olvidan a medida que van reservando a la visión todas las atenciones, todos los esfuerzos, todos los privilegios. Volvía a ver la torre Gris. Volvía a ver a la joven alemana que me llevaba por las calles de Verneuil a lo largo de las murallas de los normandos y de los terrenos anegados del Iton. Volvía a ver el Iton y volvía a ver el Avre. Amaba el Avre y su bruma. Se percibía a los lejos el monte, el pueblo, el tejado de la iglesia, la hiedra sobre la muralla, el resto de la ciudadela del duque Guillermo. Todo eso se recortaba en el aire amarillento con una nitidez extraordinaria. Incluso la ruina de la torre principal de Verneuil, la torre Gris, tan frondosa, cubierta de hiedra negra, cubierta de frutos tan negros de la hiedra, redonda, pesada, al lado de la vieja cetrería, tan lejos, bajo mis ojos aparecía delicada en la bruma dorada. En el aire nebuloso y amarillo, permanecía inclinada de manera extraña. Amaba el silencio, el olor de la esencia de tomillo depositada sobre el cubrecama. Amaba el viejo espejo suspendido de la pequeña cadena de hierro. Cuando la tarde caía, veía reflejarse todo en la gran puerta vidriera que daba al jardín oscuro. Miraba estos reflejos llenos de penumbra, de resplandores, de movimientos y de agua. Me decía: es la chimenea, es el péndulo, es la lámpara, es el piano vertical de Ignaz Pleyel, soy yo, es la sopera o la panera. Me decía mirando de bies sobre el cristal de la puerta vidriera: es ella, qué bella es, qué grave y bella es, y ella atraía hacia sí la jarra de vino sobre el mantel. Seguramente se está donde se está, donde se está uno se encuentra, no se está más que allá donde uno permanece pero, a veces, uno se hunde de repente un poco más en la tierra. Se está bien. Se está un poco más allá que allá. Finalmente se alcanza de hecho «allá donde no se habría podido no ir». No se tiene ya rostro. La piel se desgarra. Se encuentra una carne y no es la suya y se cede a ella. Se vuelve pesado, somnoliento, se duerme, se muere. Era devota sin creer. Era incluso muy devota sin creer. Iba a la iglesia. Partíamos pronto. Iba con ella a la iglesia donde yo tocaba. Se paraba un instante bajo el porche. Hundía de pronto la mano en el bolsillo de su abrigo. Bruscamente sacaba de su bolsillo una pañoleta roja que anudaba con un doble nudo justo bajo el hueso de su mentón. Ajustaba el fular sobre sus cabellos antes de penetrar en la penumbra y el frescor de la iglesia. Yo la dejaba en el pasillo para dirigirme hacia la sacristía. Amaba esta iglesia en la que permanecíamos los dos durante largo tiempo antes de que el carillón de la gran misa hubiera sonado. Amaba el órgano aunque muy poco potente y en mal estado, las lengüetas de estaño ligeras y endebles, los tiradores redondos de los registros en porcelana azul, flautas armónicas, violas de gamba, voces humanas, dulzuras de fantasmas. No había un solo escalón, en la escalera de caracol que subía a la tribuna, que fuera seguro. Era preciso trepar prudentemente. Todo temblaba. También tenía miedo de que mis pies y mis dedos temblaran cuando tocara. Tenía miedo de que ella me escuchara. Amaba sobre todo que me escuchara pero lo temía. Antes del servicio, en la sacristía, una pequeña puerta daba a los lavabos. Había un tapiz grisáceo. La ventana era de madera barnizada. Sobre la pared estaba encastado un minúsculo lavabo apenas lo suficientemente grande para contener mis manos, una pastilla de jabón que olía a agua de Colonia, una manopla de baño, un espejo, un tubo de neón. Una toalla pendía de un clavo.

POSFACIO:
LAS VOCES DEL AGUA

> *Antiguamente, los filósofos temían a los sentidos; ¿no habremos olvidado demasiado ese temor? Hoy todos los filósofos, tanto los actuales como los futuros, somos sensualistas, y no en cuanto a la teoría, sino en la práctica. Aquéllos, por el contrario, estimaban que los sentidos corrían el riesgo de atraerlos fuera de su mundo, del frío reino de las «ideas», y de llevarlos a una isla peligrosa y más meridional donde temían que se les derritieran sus virtudes de filósofos igual que la nieve se derrite al sol. El requisito para filosofar antes era ponerse cera en los oídos, un verdadero filósofo no tenía entonces oídos para la vida; como la vida es música, negaba la música de la vida —considerar que toda música es música de Sirenas constituye una superstición muy antigua del filósofo.*
> F. Nietzsche, *La Gaya ciencia*, § 372

I

El primer testimonio que tenemos de las Sirenas es el de Homero, en la *Odisea*, la aventura de Ulises. Más antiguo es el lance que con ellas tuvo el navío Argos, con Orfeo y su cítara sobre el puente, aunque el texto que lo narra es posterior en bastantes siglos.

En el relato de Homero no se nos habla de su aspecto, ni se dicen sus nombres o su número, aunque al referirse a ellas utiliza el dual y la tradición acostumbra a llamarlas Agláope y Telxíope. Su apariencia la conocemos desde muy antiguo gracias a la iconografía, frecuentemente asociada con ritos funerarios, aunque no sólo. En principio, se trata de figuras con cuerpo de ave y cabeza de mujer. A partir de aquí se diversifican las variantes: con brazos, con el torso entero de mujer, tañendo instrumentos musicales que a su vez se diversifican según las épocas… También su número varía, pueden ser dos como en Homero, pero también tres o cuatro. Sin embargo, todos los testimonios coinciden en que lo que más específicamente las caracteriza es la funesta atracción de su canto, su seducción abismal: mujeres pájaro que cazan a lazo, que cautivan, y atan a los hombres con su música como las agavilladoras amarran los haces de espigas. En los nombres que de ellas nos han llegado se expresa con nitidez la fascinación que se les atribuye: Aglaofonos (la de esplendorosa voz), Aglaope (la de espléndido aspecto), Leukosia (la blanca, la resplandeciente), Ligia (la de voz clara, aguda), Molpe (la del canto y el baile), Parténope (la de aspecto de virgen), Pisínoe (la de mente persuasiva), Teles (la encantadora), Telxíone (la de mente encantadora), Telxíope (la de aspecto encantador)… En todos ellos, el brillo, el resplandor, la luz que ciega, el agudo que rompe el cristal, también.

Existe sin embargo una discrepancia importante en los dos textos mayores que dan testimonio de los poderes de su canto, el de Homero y *Las Argonáuticas* de Apolonio de Rodas. Así, mientras Apolonio les atribuye un canto inarticulado, bestial, maléfico, al que Orfeo opondría su música mesurada, Homero les hace decir: «¡Ven aquí, con nosotras, Ulises, honra de los aqueos! Acércate y detén la nave para que oigas nuestra voz. Nadie ha pasado en su negro bajel sin que oyera la suave voz que fluye de nuestros labios; sino que se van todos después de recrearse con ella y de aprender mucho; pues sabemos cuántas fatigas padecieron en la vasta Troya argivos y teucros, por la voluntad de los dioses, y conocemos también todo cuanto ocurre en la fértil tierra».

II

Las Sirenas cantaban, pero sólo Butes saltó...

Butes es uno de esos personajes medio secretos, tan frecuentes en la escritura de Pascal Quignard, quienes por más que su aparición resulte luminosa no por ello dejan de pertenecer a la más completa oscuridad, héroes del todo discretos. El ejemplo con el que convocan es siempre desmesurado, siempre se trata de una experiencia crucial. Y sin embargo, ¿qué sabemos de ellos?

Intrusos —los llama Quignard en ocasiones, tanto a estos personajes como a los temas, problemas o textos que devuelve al presente con su escritura—. Según la etimología latina a la que se remite, intrusos serían aquéllos que se hacen un lugar a empujones allí donde no se contaba con ellos. Personajes desconocidos o casi, de pronto en el centro. Y sin embargo no, de lo que se trata no es de proponer una lección histórica diferente, sino simplemente de devolver a la luz de lo vivo experiencias confiscadas por una determinada lectura de la historia, hacer vacilar esas certidumbres y restaurar aquellas experiencias posibles cuyo cristal acostumbra a ser siempre una buena pregunta y su telón de fondo la infinita novedad del pasado. Lascaux se descubrió en 1940 —acostumbra a repetir Quignard al respecto.

Desde los tiempos de los *Petits traités* (1981-1990) hasta la serie *Dernier Royaume*, iniciada en 2002, los textos de Quignard están hechos así, para eso, y al detalle —*Butes* es un magnífico ejemplo de ello—. La indagación estilística de Quignard viene de antiguo, y algún día se le prestará toda la atención reflexiva que reclama, seguro. Y es que, lejos de adscribirse a la coquetería de la escritura fragmentaria sin más, de lo que se trata es de la búsqueda de un género literario blanco, un no-género —así lo ha llamado a veces— en el que puedan coexistir en una misma prosa esos intrusos que como espectros irrumpen a diario en la vida de nuestra experiencia, tanto si se trata de emociones como de pensamiento…

Héroe discreto Butes, en fuga, como el propio Quignard siempre: a los dieciocho meses, él mismo lo ha contado en diversas ocasiones, se niega a aprender la lengua común, se niega a comer, a hablar, a obedecer... A veces ha remitido incluso su tarea como escritor a este autismo primero —sería el suyo así el testimonio de quien podría no haber hablado...—. Luego abandonará la filosofía, la enseñanza, se exiliará de los círculos de la inteligencia parisina, para acabar dimitiendo de su cargo en la editorial Gallimard. Como un pensador nómada en el ángulo muerto entre lo social y el tiempo, ni arcaizante ni postmoderno, simplemente en tránsito en el ángulo del mundo —así parece entender a menudo su tarea Quignard...

Personaje medio secreto Butes, su gesta parece estar ahí ante todo para hablarle a la vida secreta de cada cual. Con ocasión de la publicación del libro que lleva precisamente por título *Vie secrète* (1998), Quignard se extenderá en la caracterización de estas formas de vida que inventan pasajes secretos para escapar de la mediación social, para separarse del mundo. Frente a la comodidad del tópico que insiste en reconducir toda experiencia a la mediación social fuera de la cual nada existiría, Quignard repite que la lectura hace posible escapar de la educación que se recibe, como la literatura permite emanciparse del lenguaje o el amor extirparse de la familia y el grupo. También su rechazo de la filosofía, su fuga de toda prosa discursiva se asienta sobre el mismo ángulo de atención. Y es que para los filósofos es como si los hombres nacieran ya dotados de identidad, como Adán y Eva, con treinta años cumplidos —dijo entonces—. Para nada tienen en cuenta la existencia de un mundo primero anterior a este segundo mundo de nuestra existencia social: los hombres nacen, y este nacimiento suyo viene a romper un vínculo inimaginable, original, oscuro y cardíaco, el mundo de antes de que se tuviera voz, el mundo acuático de cuando todavía no se ha comenzado a existir en la atmósfera. Y al hablar así está bien claro lo que dice, *Butes* nos acaba de regalar una maravillosa parábola al respecto. Su distancia de las certidumbres de la prosa discursiva y la filosofía es inversa pero simétrica a su interés por el misterio siempre abierto de la música, su convicción de que la música puede pensar allí donde la filosofía tiene miedo.

Y sin embargo, ¿podría decirse que todo lo que acabamos de leer no es sino una explicación de por qué Butes saltó?

III

La diagonal que idealmente traza Butes con su salto, entre el canto de las Sirenas y la música de Orfeo, hace que irrumpan inevitablemente aquí otras referencias. La de Maurice Blanchot sería tal vez la menos obviable. Teniendo en cuenta el lugar preeminente que, en *Le livre à venir* y en *L'Espace littéraire*, le dedica a ambos mitos, es irremediable tratar de poner en contraste ambas miradas. Sabemos que, para él, la astucia de Ulises es tanto la salvación que abre la posibilidad del relato de la aventura como la pérdida de Eurídice es para Orfeo el principio de un lamento que no puede tener fin —así tensa Blanchot los dos lances entre los que Butes parece dibujar su diagonal—. Aunque «es posible —nos advierte Michel Foucault, en *La pensé du dehors*— que bajo el relato triunfante de Ulises reine el lamento inaudible por no haber escuchado mejor y durante más tiempo, por no haberse zambullido lo más cerca posible de la voz admirable donde tal vez el canto iba a tener lugar. Y bajo los lamentos de Orfeo resplandece la gloria de haber visto, durante menos de un instante, el rostro inaccesible, en el momento mismo en el que se giraba y regresaba a la noche: himno a la claridad sin nombre y sin lugar». En cualquier caso, lo que queda claro desde el principio es la distancia que separa ambas miradas. Al contrario que Quignard, Blanchot, aun ponderando los dos extremos, privilegia claramente la versión que da Homero de la naturaleza del canto de las Sirenas, y de ella extrae el hilo su reflexión. Se recordará lo que dice en el primer capítulo de *Le livre à venir*, que lleva precisamente ese mismo nombre, «El canto de las Sirenas»:

«Las Sirenas: realmente parece que cantaban; pero de un modo insatisfactorio, pues sólo dejaban entender la dirección en que se abrían las verdaderas fuentes y la felicidad verdadera del canto. Sin embargo, con sus cantos imperfectos, que no eran sino un canto venidero, conducían al navegante hacia ese espacio en que verdaderamente comenzaría el cantar. Por tanto no lo engañaban, sino que lo llevaban realmente a su objetivo. Pero, una vez alcanzado el lugar, ¿qué es lo que pasaba?, ¿qué lugar era ése? Uno en el que ya sólo se podía desaparecer, porque en esta región de fuente y origen hasta la música había desaparecido más radicalmente que en ningún otro paraje del mundo: un mar en el que se hundían, sordos, los vivos, y en el que las Sirenas —lo que prueba su buena voluntad— un día tuvieron, también ellas, que desaparecer.

¿De qué naturaleza era el canto de las Sirenas? ¿Cuál era su punto débil? ¿Por qué este fallo hacia ese canto tan poderoso? Los unos siempre han respondido que era un canto inhumano: un ruido natural, sin duda (¿es que hay otros?), pero al margen de la naturaleza, en todo caso extraño para el hombre, muy profundo y despertando en él ese placer extremo de caer, imposible de satisfacer en las condiciones normales de la vida. Pero, dicen los otros, lo más extraño era el embrujo: no hacía más que reproducir el canto de los hombres, y, como las Sirenas, aun siendo sólo animales muy bellos a causa del reflejo de la belleza femenina, podían cantar como cantan los hombres, convertían el canto en algo tan insólito que hacían surgir en quien lo escuchaba la sospecha de inhumanidad en todo canto humano. Por tanto, ¿es de desesperación de lo que habrían muerto los hombres, apasionados por su propio canto? A causa de una desesperación muy cercana al rapto. Había algo maravilloso en este canto real, canto común, secreto, canto simple y cotidiano, que no podían sino reconocer enseguida, cantado irrealmente por potencias extrañas y, digamos, imaginarias, canto del abismo que, una vez escuchado, abría en cada palabra un abismo e invitaba con fuerza a desaparecer en él.

Este canto, no lo olvidemos, iba dirigido a navegantes, gente de riesgo y además audaz, y él mismo era navegación: era una distancia, y lo que revelaba era la posibilidad de recorrerla, de hacer del canto el movimiento hacia el canto y de este movimiento la expresión del mayor de los deseos».*

---

* Con todos los matices que se quiera, la lectura que lleva a cabo Foucault en el texto citado, *La pensé du dehors*, sigue la misma dominante, subrayando en el canto de las Sirenas la voz atrayente que promete un canto futuro, tal como se desprende de la lección de Homero. «Las Sirenas son la forma inasible y prohibida de la voz atrayente. No son sino enteramente canto. Simple surco plateado en el mar, cresta de la ola, gruta abierta entre las rocas, playa inmaculada, ¿qué son, en su ser mismo, sino la pura llamada, el vacío feliz de la escucha, de la atención, de la invitación a la pausa? Su música es lo contrario de un himno: ninguna presencia resplandece en sus palabras inmortales; sólo la promesa de un canto futuro recorre su melodía. Seducen no exactamente por lo que dan a oír, sino por lo que brilla en la lejanía de sus palabras, la posteridad de lo que están diciendo. Su fascinación no nace de su canto actual, sino de lo que se compromete a ser. Ahora bien, lo que las Sirenas le prometen a Ulises que cantarán es el pasado de sus propias hazañas, transformadas por el futuro en poema: "Conocemos los males, todos los males que los dioses en los campos de la Tróade infligieron a las gentes de Argos y de Troya". Ofrecido como en hueco, el canto no es más que la atracción del canto, pero no promete al héroe otra cosa sino un doble de lo que ya ha vivido, conocido, sufrido, ninguna otra cosa sino lo que él mismo es. Promesa a la vez falaz y verídica. Miente, ya que quienes se dejen seducir y pongan proa hacia las playas no encontrarán sino la muerte. Pero dice la verdad, ya que es a través de

Se hace evidente que cuando Blanchot habla de canto está pensando en la promesa de sentido que lo conduce, en lo que el canto dirá, entendido éste ante todo como poema, y el poema como matriz primera de un espacio literario del que la especificidad irreductible de la música quedaría evacuada. Aunque tal vez no sea enteramente correcto hablar aquí de dos visiones distintas, no del todo. Más bien se diría que ambos escuchan la voz de las Sirenas de muy diferente manera...

IV

¿Dónde está el oído del que escribe?

A veces la escritura ocupa el segundo tiempo de un movimiento binario en el que la escucha se entrega al primer tiempo. En ese tiempo anterior a la palabra inscrita, el oído se mece en un espacio sonoro que tensa la lengua y la mano que luego recorrerá el blanco espacio del papel. Antes de sentir la tensión en la lengua y la mano, se percibe en el oído.

---

la muerte como el canto podrá elevarse y contar hasta el infinito la aventura de los héroes. Y sin embargo, hay que renunciar a oír este canto puro —tan puro que no dice más que su retiro devorador—, taparse los oídos, atravesarlo como si se fuera sordo, para continuar viviendo y empezar así a cantar; o más bien, para que nazca el relato que no morirá hay que estar a la escucha, pero hay que permanecer al pie del mástil, atados los pies y las manos, y vencer todo deseo por medio de una astucia que se hace violencia a sí misma, sufrir todo sufrimiento permaneciendo en el umbral del abismo atrayente, y reencontrarse finalmente más allá del canto, como si se hubiera atravesado vivo la muerte, pero para restituirla en un lenguaje segundo.»

El oído tiende hacia o se tensa entre. La escritura puede entonces asumir una disposición o instalarse en el intervalo que dibuja ese oído tensado en un entre.

El oído de Quignard parece asumir ambas posiciones. Primero, el oído es tentado por el zambullirse en el agua de Butes. La llamada de la mar en la que Butes perece será una constante a la que se unirá la tensión dramática que el escritor anima con la distinción entre dos tipos de música: la voz de las Sirenas y la música de Orfeo. La tensión se sitúa entre Orfeo y las Sirenas, aunque como Vladimir Jankélévitch advierte en *La musique et l'ineffable*, libro al que Quignard se remite, la voz de las Sirenas aún no es música para el oído humano.

El oído del que escribe se emplaza en el entre que teje esa voz cuya música escapa a lo humano y el canto de Orfeo. En ese intervalo la palabra de Quignard deja aflorar el poder que la música ejerce: la llamada de ese mar que engulle a Butes y la posibilidad de regreso del Hades por el canto de Orfeo.

v

¿Escribir en el entredós, entonces?

Renacido de nuevo a la palabra tras sus períodos infantiles de mutismo, Quignard elige escribir como una forma de estar en el lenguaje callándose, y ese quehacer directamente engastado en el silencio le entrega una evidencia simple que se convierte en tutelar: que la palabra escrita, la literatura dice lo que la oralidad no puede decir. Y que el silencio tan intenso de la lectura y la convocatoria íntima de la música nos asoman al mismo mar. Entonces, escribir un libro silencioso bien pudiera ser lo más parecido, lo más próximo a hacer música, ese lenguaje sin significado que sin embargo toma nuestro cuerpo, en fuga ambos de las significaciones convencionales de la lengua común. Un libro debe ser un pedazo desgarrado del lenguaje, un pedazo que se le arranca a la palabra —ha dicho en alguna ocasión.

Y también: Quiero perseverar en el arte, en el silencio líquido de la lengua escrita.

¿Podría decirse que alguno de los secretos de la perfección del texto que acaba de leerse tiene que ver con esa perseverancia, con ese modo de asomarse a la mar, de escuchar su canto?

VI

¿Orfeo o el canto de las Sirenas? Dos tipos de música que desgranan para Quignard dos estados del ser. En ambos la música se hace invocación, llamada que conduce a lo humano o a la muerte. La música es el tejido sonoro que sostiene toda una vida, desde el estado fetal hasta su desfallecimiento con la pérdida del último aliento. La primera música que se escucha parece tejida por la voz de las Sirenas. Su voz emplazada en una tesitura aguda, voz de mujer, deja escuchar para Quignard la llamada originaria que yergue. Es un canto animal, una voz a-crítica, continua, en la que no es posible un reconocimiento del decir. No es un canto humano y, por ello, es una música de perdición. En esta música se pierde el ritmo que marca el tiempo de lo humano. La invocación de las Sirenas conduce fuera de lo humano e impide el regreso. La suerte de aquél que las escucha sólo puede ser su aniquilación.

Los verdaderos músicos —escribe Quignard— «son los que aflojan la cuerda de la lengua. Dejan una parte de la humanidad».

Los verdaderos músicos son entonces los que encantan el oído ligándolo a un canto que destensa el lenguaje, canto en el que brota un tiempo sin mesura humana. En su música se pierde el aliento y se siente el dolor de estar vivo. Con ellos, la música no es tanto lenguaje como fuerza que arrastra. Uno de estos músicos, afirma Quignard, fue Franz Schubert, sin él —prosigue— no comprenderíamos el estado originario de los primeros días de existencia atmosférica.

La música de Schubert crea un espacio en el que el tiempo como medida del movimiento es sometido a un desencajamiento continuo. Sus melodías se niegan a seguir un hilo causal, se presentan como evocaciones de un errar. Con ellas se difumina la forma musical y se pone en un brete a una memoria apurada por el reconocimiento. Como explica Morton

Feldman, en el Schubert tardío el paso de una idea musical a otra es excesivamente explícita, como si se tratara de un mal jugador de poker Schubert muestra las cartas. Dejando al descubierto las costuras de sus obras, sosteniendo repeticiones casi idénticas que parece que no dejan paso a la conclusión de sus obras, este músico llamado en su tiempo «el de las divinas longitudes» sitúa su música en un espacio sonoro en el que es posible dejar de contar para tender el oído a momentos de tensión que dan cuenta de ese aflojar la cuerda de la lengua. La música de Schubert se encamina hacia un espacio sin discurso.

Todo otro espacio es el que forja el segundo tipo de música al que Quignard alude: la música de Orfeo. Esta música que entona un canto acompañado por la cítara es ya una música humana pues deja escuchar la medida audible del tiempo. El canto de Orfeo es articulado, tanto porque es un canto discontinuo que se corta como el lenguaje, como por el modo en que articula el grupo social. El canto de Orfeo no es como el de las Sirenas una invocación dirigida a un particular, a Ulises, a Butes… su canto transforma al individuo en sujeto social, por ello es un canto colectivo. La música órfica forja la unanimidad de la mecánica social, de la mecánica del poder. El ritmo que siguen los compañeros de Butes sentados en el banco de su navío da cuenta de esa unanimidad. La música los ata al banco forjando una disciplina corporal y mental necesaria para que el navío avance. Esta música fragua una perfecta tecnología social.

Sólo Butes es el disidente, escribe Quignard. Sólo Butes se levanta de ese banco y sigue la invocación de las Sirenas. En ese banco quedan sus compañeros, dirigidos por esa música humana cuya representación mayor puede ser, como Quignard apunta, las filas de la orquesta que siguen a un director. La orquesta, ese espacio que antaño se reservaba a la danza, acoge —principalmente en su formación clásica y romántica— un conjunto instrumental en el que los músicos se mantienen en su mayor parte sentados, olvidados del baile y observando atentamente las indicaciones del director y la música escrita sobre la partitura. La música se escribe sobre el papel al tiempo que el cristianismo combate la danza por considerarla inmoral; así, lentamente, la fijación corporal hará olvidar las antiguas danzas pírricas o báquicas. Sólo las danzas de la corte —patrones de medida—, y más tarde las danzas populares estilizadas con ritmos que se avienen a la creación de esa tecnología social tendrán su lugar en las filas de una cierta música humana.

Butes, Schubert y otros músicos verdaderos abandonan esas filas mecidas por el canto de Orfeo. Pero, una gran parte de la música occidental, como Quignard recuerda, siguió remando en su banco, entonó la necesidad de la cohesión social, de la música que unifica. Desde la constitución del canto litúrgico —apenas la sola expresión vocal durante siglos sometida al discurrir del texto divino—, hasta la polifonía que la siguió y donde aún las mujeres tenían prohibida su participación, la música vocal parece dar razón de esa exclusión de la voz de las Sirenas. Las voces agudas son en esta música cantadas por hombres en falsete. Y algo de ese falsete se percibe, de vez en cuando, en el canto colectivo que ata a cada uno a su banco. Como la voz de falsete pobre en armónicos, así el canto colectivo requiere la pérdida de los armónicos del individuo que se integra en el grupo social. La voz de falsete, voz que hace de la cabeza el lugar de resonancia, bien podría dar el tono del tipo de racionalidad que debe sustentar la mecánica social que funda la música de Orfeo.

VII

¿Orfeo o el canto de las Sirenas? ¿Música humana o música animal? ¿Música que conduce a la colectividad o música de perdición individual?

Seducido por el canto de las Sirenas Butes elige volver a la condición originaria, a la voz del agua, pero allí sólo puede perecer ahogado. Por eso la música es para Quignard la «isla» imposible de alcanzar. Pero queda una cierta escucha, la de la voz del mar. Ponerse a la escucha de las olas que llegan a la orilla y regresan en un vaivén que no cesa. De pie, ante el mar, se puede escuchar el estruendo del agua que en un gran *crescendo* se precipita sobre la orilla para después, horadando la arena bajo los pies, arrastrarse hacia dentro con su resaca y su sonido que, en *diminuendo*, parece sumirse en la profundidad del mar. La voz del mar, la voz de las Sirenas, invoca el latir del tiempo que escapa a lo humano en el movimiento de las aguas.

El oído del que escribe está de pie escuchando ese mar.

El oído del que escribe está sentado en la sala de conciertos escuchando la orquesta.

El oído del que escribe está sintiendo la tensión de la música: el canto de las Sirenas y el canto de Orfeo. Se escribe entonces en la tensión que la música forja, sabiendo como Quignard que la música piensa en alta mar cuando la filosofía siente temor.

Tensado el oído entre la voz de las Sirenas y la voz de Orfeo se presiente que tal vez, en el origen, en el vientre materno, supimos un día cómo piensa la música; que, tal vez, como la cabeza de Orfeo en el agua, un día entonamos un canto ahora perdido. Tensado el oído del lector con la palabra de Quignard no se puede por más que preguntar como en una cantilena cuya duración se desconoce:

«¿Qué pensaba antaño nuestra cabeza en el agua?».

Carmen Pardo
Miguel Morey
L'Escala, marzo de 2011